Benne

Wolfgang Baitz

Der kleine Gedächtnistrainer

SO MERKEN SIE SICH NAMEN & GESICHTER

Weltbi...

Inhalt

Vorwort

Liebe Leserin, lieber Leser,

wussten Sie schon, dass bei den alten Griechen die Göttin Mnemosyne, die Mutter der neun Musen, für das Gedächtnis zuständig war? Heute sind es Gehirnforscher, Psychologen, Biologen, Mediziner und zahlreiche andere Wissenschaftler, die versuchen, dem Geheimnis der kleinen grauen Zellen auf den Grund zu gehen. Ist ein gutes Gedächtnis ein Geschenk der Natur, oder kann man sein Erinnerungsvermögen gezielt steigern? Man kann! Man muss es nur richtig angehen.

In diesem Ratgeber finden Sie auch Erkenntnisse der Gedächtnisforschung, die Ihnen den Sinn der einzelnen Übungen näher bringen.

Schon die Steigerung der Konzentrationsfähigkeit allein führt innerhalb kürzester Zeit zu verbesserten Gedächtnisleistungen. Und auch der Umkehrschluss ist zulässig: Die besten Übungen werden nicht viel nützen, wenn man nicht voll bei der Sache ist. Aufmerksamkeit ist zwar noch nicht alles, aber schon ein großer Teil der Strecke. Ich habe daher Konzentrations- und Entspannungsübungen – beide gehen Hand in Hand – zum Ausgangspunkt meiner Seminare wie auch dieses Buches gemacht und somit ein leicht nachzuvollziehendes Schritt-für-Schritt-Programm zu einem besseren Gedächtnis ausgearbeitet.

Namen und Gesichter in Erinnerung zu behalten ist eine der größten Herausforderungen für das menschliche Gedächtnis. Eine Herausforderung, vor die es Tag für Tag aufs Neue gestellt wird. »Wie war noch der Name der freundlichen Dame heute Vormittag?« oder »Wie sah Herr Meier eigentlich aus?« – Fragen, die uns regelrecht quälen können und uns schlaflose Nächte bescheren. Wäre es nicht toll, jeden Menschen bei einem Wiedersehen auf Anhieb auch wieder zu erkennen und ihn mit Namen begrüßen zu können? Meine langjährige Erfahrung als Gedächtnistrainer hat mich gelehrt, dass dieser große Vorsatz auch in die Tat umzusetzen ist. Ein gutes Gedächtnis kann von jedem gezielt trainiert werden!

Bedingungen dafür, dass Sie sich Namen und Gesichter leicht merken, sind eine positive Grundhaltung und der feste Glaube an den Erfolg.

Viel Spaß und Erfolg wünscht Ihnen
Ihr Wolfgang Baitz

Vorbereitende Übungen

Bevor Sie sich an die Übungen setzen, mit deren Hilfe Sie sich Namen und Gesichter gut merken können, erlernen Sie einige Methoden, die das Leistungsvermögen Ihres Gehirns steigern werden.

Entspannung, Konzentration, Motivation

Im Folgenden finden Sie einige Übungen, die auch in der Meditation angewendet werden; Übungen, die Sie auf das Gedächtnistraining einstimmen sollen. Erst durch gezielte Entspannung und anschließende Konzentration versetzen Sie Ihr Gedächtnis in die Lage, Dinge effektiv behalten zu können. Nehmen Sie diese Übungen ernst, und gönnen Sie sich die dafür nötige Zeit, denn nur, wenn das Gehirn die richtige »Betriebstemperatur« erreicht hat, können optimale Ergebnisse erzielt werden. Lassen Sie sich überraschen. Sie werden von diesen Übungen mit Sicherheit profitieren!

Die Übungen zu Entspannung, Konzentration und Motivation sind den Aufwärmübungen eines Sportlers ähnlich.

Übung 1 – Entspannung

→ Suchen Sie sich einen ruhigen Ort, und atmen Sie stehend oder im Sitzen rhythmisch im Takt.

- Einatmen: – 2, 3, 4
- Atem anhalten: – 2, 3, 4
- Ausatmen: – 2, 3, 4
- Pause: – 2, 3, 4

→ Führen Sie die Übung täglich oder bei Bedarf mindestens siebenmal durch oder so lange, wie es zu Ihrer Entspannung nötig ist.

Atmen Sie stets durch die Nase ein und aus. So wird die Luft durch die feinen Härchen in den Nasengängen gereinigt, durch die Blutgefäße angewärmt und durch Wasserdampf aus den Nebenhöhlen angefeuchtet.

Hintergrund In allen Meditationsarten wird dem Atem als Mittel, Konzentration, geistige Wachheit und Denkvermögen zu erhöhen, eine vorrangige Bedeutung beigemessen.

Übung 2 – Konzentration

- Die dreifache Atmungsübung ist denkbar einfach durchzuführen. Atmen Sie zunächst im Stehen vollständig den in der Lunge sich befindenden Atem aus – wirklich vollständig bis zum letzten Rest.
- Atmen Sie ruhig in den Brustbereich wieder ein, bis dieser Teil der Lunge sich ganz gefüllt hat. Sie erweitern das Einatmen in den Zwerchfell(Bauch-)bereich, bis auch dieser sich vollständig mit Luft gefüllt hat; und schließlich gestatten Sie Ihrem Atem noch, den Lungenspitzenbereich ganz auszufüllen. Dabei heben sich die Schultern.
- Atmen Sie nun ruhig und gelassen bewusst dreifach wieder aus: Entlassen Sie den Atem erst aus dem Lungenspitzenbereich, dann aus dem Bauchbereich und schließlich vollständig aus dem Brustbereich.
- Starten Sie erneut mit der dreifachen Einatmung, und atmen Sie anschließend ruhig dreifach bewusst wieder aus. Insgesamt sollten Sie etwa siebenmal dreifach ein- und ausatmen.

Durch die dreifache Atmung wird der Blutsauerstoff erhöht und das Gehirn besser mit Sauerstoff versorgt.

Übung 3 – Motivation

- Versuchen Sie sich an Momente zu erinnern, in denen Lernen Ihnen Freude bereitet hat. Das mag eine Situation gewesen sein, in der Ihr Lehrer Ihre Fortschritte im Kopfrechnen oder beim Englischlernen gelobt hat oder als Sie als junger Steppke Fahrradfahren lernten oder es Ihnen zum erstenmal gelungen ist, einen Kuchen zur Zufriedenheit Ihrer Gäste zu backen, oder ...
- Spüren Sie nach, wie Sie sich in dieser für Sie angenehmen Situation gefühlt haben. Welche Eindrücke waren damit verbunden? War es ein heller Tag, schien die Sonne, haben Musik oder Stimmengewirr das Erlebnis begleitet?

Am Schluss dieser Übung wissen Sie einfach: »Ich habe genügend positive Qualitäten, die mir dazu verhelfen, mein Leben und Denken zu verbessern!«

HINTERGRUND Zu oft sind wir Opfer von Abwertungen unseres Könnens in Schule und Leben gewesen. Diese Übungen drehen den Spieß um, lassen uns bewusst die Sonnenseiten unseres Lebens betrachten und stimmen uns so auf jegliche Art von Lernvorgängen ein.

Koordination der Gehirnhälften

Es ist seit nunmehr 100 Jahren bekannt, dass unsere beiden Gehirnhälften unterschiedliche Funktionen besitzen. Gilt die linke Hälfte als Sitz des Verstandes mit Aufgaben wie rationellem, logischem Denken, so sind in der rechten Gehirnhälfte Fähigkeiten wie Fantasie und bildhaftes Denken beheimatet. Leider sind wir in den Schulen zum überwiegenden Teil »linkshirnig« erzogen worden, das heißt, der größte Wert wurde – und wird noch heute – auf sachliches Denken gelegt.

Lernen und Erinnern sind überwiegend auf die Gehirnstrukturen Kortex und Neokortex angewiesen.

Bereits ab dem ersten Schuljahr werden wir befeuert mit abstrakten Buchstaben, Wörtern und Zahlen. Eine reine Verschwendung, lassen wir doch so einen großen Teil unserer Möglichkeiten ungenutzt. Der Kreativitätsforscher Blakeslee bringt es auf den Punkt: »In dem Moment, in dem wir die Funktionen der rechten Gehirnhälfte unter die Dominanz der linken stellten, haben wir eine wichtige Partnerschaft aufgegeben.« Das moderne Gedächtnistraining greift genau diese Partnerschaft auf, um sie neu zu beleben.

Rechte Gehirnhälfte

Fantasie

Intuition

Kreativität

Motivation

Spontaneität

Emotionelle Aspekte

Bilder

Bildhaftes Denken

Formen

Rhythmus, Musik

Ganzheitlichkeit

Erkennen von Zusammenhängen

Simultaneität

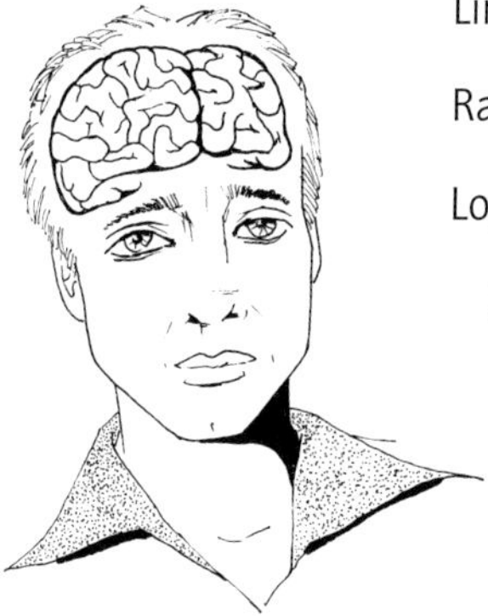

Linke Gehirnhälfte

Sachliches Denken

Lineares Denken

Rationales Denken

Logik

Schritt für Schritt vorgehen

Systematik

Strukturen

Zahlen

Wörter

Vom großen Ganzen zum Detail gelangen

Übung 4 – Koordination

Das gekonnte Zusammenbringen der beiden Gehirnhälften, von Vernunft und Kreativität, kann man auf folgende Weise üben:

- Beschreiben Sie mit leicht gestreckten Armen und nach oben gerichteten Fingern einen Kreis mit der linken Hand und gleichzeitig ein Quadrat mit der rechten. Wenn Sie die verschiedenartigen Bewegungen simultan, fließend und gleichmäßig durchführen können, hat eine Koordination zwischen den beiden Gehirnhälften stattgefunden. Falls Ihnen der Bewegungsablauf nicht sofort gelingt, üben Sie so lange weiter, bis er Ihnen in Fleisch und Blut übergegangen ist.

Üben Sie diese Bewegungsabläufe häufiger, dann wird es Ihnen immer schneller und leichter gelingen, sie exakt durchzuführen.

Ist Ihnen diese Übung noch zu schwer? Dann versuchen Sie zunächst eine leichtere Variante, die ebenfalls fließend durchgeführt werden sollte:

- Stellen Sie sich aufrecht hin. Kreisen Sie nun einen Arm seitlich am Körper. Nach mehreren Kreisbewegungen schwingen Sie auch den anderen Arm, bewegen ihn jedoch in entgegengesetzter Richtung.

Steigerung der Kreativität

Denken Sie vernünftig oder kreativ oder auf beiderlei Art und Weise? Es lohnt sich, einmal darüber nachzudenken. Der menschliche Verstand - eine Terra incognita - lässt noch viel Raum für Entdeckungen. Eifrig wird geforscht und täglich werden neue Erkenntnisse gewonnen, auch auf dem Gebiet der Kreativität und dem Behalten von Merkenswertem. Als besonders kreativ gilt der Berufsstand der Künstler, und tatsächlich haben Untersuchungen ergeben, dass gerade sie auch oft ein überdurchschnittlich gutes Gedächtnis haben. Die Fähigkeit, sich Dinge bildhaft vorzustellen, fördert die Aufnahmebereitschaft und das Erinnerungsvermögen. Wie das funktioniert, erfahren Sie in den folgenden Übungen.

■ Übung 5 - Kreativität ■

Mit dieser Übung schulen Sie Ihr Vermögen, ungewohnte Bilder zuzulassen. Kreativität hat immer als wesentlichen Bestandteil etwas Ungewöhnliches, Unvermutetes. Gerade diese letztgenannten Faktoren sind es, die ein besseres Behalten ermöglichen. Sie benötigen für diese Übung zehn bis zwanzig kleine Kärtchen und, wenn möglich, einen Übungspartner.

- Ein Übungspartner schreibt auf fünf bis zehn kleine Kärtchen jeweils den Namen einer Blume, eines Baums oder einer anderen Pflanze. Sein Partner schreibt auf seine Kärtchen je ein Tier.
- Anschließend nennt einer der beiden Partner den Begriff eines seiner Kärtchen, der andere einen weiteren Begriff, der auf seinem Kärtchen notiert ist. Nur der zweite Übungspartner verbildert nun beide Begriffe kreativ miteinander. Das heißt, er schafft ein Bild, in dem das Tier und die Pflanze gemeinsam auftauchen. So kann man sich die Zusammengehörigkeit der Begriffe merken. Eine solche Verbilderung könnte zum Beispiel folgendermaßen aussehen:
  - **Tulpe und Hase** Der Hase pflückt eine rote Tulpe und trägt sie mit aufrechtem Gang zu seiner Häsin, die ihren zehnten Geburtstag feiert.
  - **Buche und Nashorn** Das Nashorn rast durch einen Sumpf, übersieht eine Buche, die im Wege steht, weil es nach einem Nashornweibchen Ausschau hält. Das Horn bleibt durch die Wucht des Aufpralls in dem Stamm mit der glatten Rinde der Buche stecken.

TIPP

Diese Übung können Sie auch allein durchführen. Zu zweit ist sie aber wirksamer und macht mehr Spaß.

- **Mammutbaum und Giraffe** Die Giraffe schafft es trotz ihres langen Halses nicht, die obersten grünen Blätter des Mammutbaumes zu greifen. Sie muss sich daher auf einen Hocker stellen, den sie zu solchen Zwecken neuerdings, auf den Rücken gebunden, mit sich führt.

Versuchen Sie, die angegebenen Verbilderungen nachzuvollziehen. Lassen Sie in sich die Bilder entstehen und lebendig werden.

→ Der erste Partner legt die beiden Kärtchen umgedreht nebeneinander, um sie am Ende wieder abfragen zu können. Dann geht es weiter mit Kartenpaar Nummer zwei. Partner eins nennt seinen Begriff (Tier), Partner zwei den seinen (Pflanze). Partner zwei merkt sich beide wieder mithilfe kreativer bildhafter Assoziationen. So fährt man fort, bis die Serie der fünf bis zehn Kärtchenpaare durchgearbeitet wurde.

In der zweiten Runde werden die Rollen getauscht: Partner eins verbildert nun die Begriffe.

→ Jetzt fragt Partner eins die Begriffspaare in derselben Reihenfolge ab, in der er sie Partner zwei genannt hat. Letzterer muss nun seine zugehörigen Begriffe richtig und vollständig wiedergeben können.

So prägen Sie sich Namen und Gesichter ein

Wie heißt doch gleich diese Dame, dieser Herr? Sicher ist es schon jedem einmal so ergangen: Ein bekannter Name war einfach weg oder lag förmlich auf der Zunge, wollte aber nicht über die Lippen kommen. Prüfen Sie anhand des folgenden Tests Ihr derzeitiges Namensgedächtnis.

HINTERGRUND Ich habe festgestellt, dass viele Menschen Namen nicht behalten, weil sie diese niemals richtig gehört haben; ich schätze, dass rund 40 Prozent der Gesichter und Namen, die man nach der ersten Begegnung sofort wieder vergisst, auf das Konto von mangelnder Konzentration im Moment der Namensaussprache gehen. Also sehen Sie genau hin, und hören Sie vor allem konzentriert und bewusst zu, wenn der Name fällt. Seien Sie nicht in Gedanken schon bei Ihren nächsten Gesprächen. Nur wer wirklich die Absicht hat, sich einen Namen einzuprägen, wird darin auch erfolgreich sein. Haben Sie einen Namen nicht richtig verstanden, dann scheuen Sie sich nicht, nochmals nachzufragen.

Übung 6 – Ein Test

- Schauen Sie sich die folgenden neun Bilder und die zugehörigen Namen in Ruhe an.
- Die Betrachtungszeit sollte bei etwa zehn bis zwanzig Sekunden pro Bild liegen.
- Versuchen Sie sich die Namen und Gesichter so einzuprägen, dass Sie diese beim sich anschließenden Test korrekt zuordnen können.
- Nehmen Sie eine Uhr mit Sekundenzeiger zu Hilfe, und kontrollieren Sie damit die Betrachtungszeit.

Herr Latescheck

Frau Grummel

Frau Katzenedel

Herr Schneidfein

Frau Runderer

Frau Falterrot

Frau Füllen

Frau Guthsanft

Frau Sonnenschein

Bevor Sie nun Ihr Namensgedächtnis testen, decken Sie die Bilder auf Seite 18 mit einem Blatt Papier ab.

Erfolgskontrolle: Wie vielen der vorgestellten Gesichter können Sie den richtigen Namen zuordnen?

- → Tragen Sie unter die folgenden Bilder die zugehörigen Namen in die Kästchen ein.
- → Überprüfen Sie anschließend Ihre Eintragungen anhand der Bilder und Namen der vorangegangenen Seiten.

Wie viele Namen haben sie richtig zugeordnet? Alle richtig? Gratulation! Aber selbst, wenn Sie »nur« fünf oder sechs Volltreffer haben, ist das für den Anfang nicht schlecht. Durchschnittlich werden nämlich nur vier Namen richtig angegeben. Dieses Ergebnis lässt sich mit einfachen Methoden deutlich verbessern.

Besonderheiten zuweisen

Ich hoffe, ich habe Sie neugierig auf eine Methode gemacht, mit der Sie sich Namen und Gesichter gut und sicher merken können. Damit ersparen Sie sich peinliche Situationen, in denen Ihr Gegenüber Sie mit Namen begrüßt, Sie selbst jedoch passen müssen. Und noch besser: das Training macht Spaß und wird Sie gelegentlich sogar zum Lachen bringen.

Das Grundprinzip besteht darin, für zwei ganz unterschiedliche Dinge – Form des Gesichtes und Name – eine Gemeinsamkeit zu finden. Beschäftigen Sie sich bei dieser Übung genauer mit Gesichtern, erkennen Sie die Unterscheidungsmerkmale zu anderen Gesichtern, und schärfen Sie Ihre Sinne für Formen und Ausdruck, so als ob Sie Porträts malen wollten. Allein dieser Vorgang der präziseren Beschäftigung mit den einzelnen Gesichtern lässt bereits ein verbessertes Behalten zu.

Übung 7 – Merkmale erkennen

→ Setzen Sie sich mit den charakteristischen Gesichtsmerkmalen der Personen auf den vorangegangenen neun Bildern auseinander.

- Achten Sie zunächst auf die Gesichtsform. Es gibt runde Gesichter, eckige, ovale, schlanke, trapezförmige, birnenförmige, große, kleine und so weiter.
- Zu beachten sind ferner die Stirn, die hoch oder gedrungen, fliehend oder geradlinig aufsteigend sein kann.
- Auch die Augenbrauen können buschig oder zart angedeutet, schwungvoll oder gerade sein.
- Die Augen sind klein oder groß, sprechend oder ausdrucksarm, liegen nah beieinander oder weit auseinander.
- Nasen können groß, klein, geradlinig, geschwungen, mit oder ohne Höcker, wulstig oder zart, knollig oder stupsig sein.
- Die Lippen erscheinen breit oder schmal, füllig geschwungen oder zurückhaltend angedeutet.
- Im Gesicht entdecken wir Lachgrübchen und hoch stehende Backenknochen, hervorgehobene Schläfen und vieles mehr.

Konnten Sie Besonderheiten in den Gesichtern der vorangegangenen Übung entdecken – zum Beispiel bei Frau Runderer?

TIPP

Einzelne dieser Merkmale sind sicher in jedem Gesicht zu entdecken, zu dem Sie sich einen Namen merken möchten.

Die Vierer-Regel

Lernen Sie nun anhand der Vierer-Regel Namen und Gesichter zu kombinieren. Diese Regel führt zu einem festen Ablauf – einer festen Verfahrensweise –, wie wir uns Gesichter und Namen sicher einprägen können, und lautet folgendermaßen:

1. Namen deutlich und konzentriert hören (oder lesen), zum Beispiel bei der Vorstellung eines neuen Gesprächspartners.
2. Namen fantasievoll verbildern (hierfür haben wir uns ein wenig mit Gesichtsausprägungen beschäftigt).
3. Verbilderten Namen und Gesicht bildhaft miteinander verknüpfen. Lassen Sie auch hier wieder Ihre Fantasie walten.
4. Den Namen innerlich nochmals hören, damit keine Verwechslung mit dem Hilfsbild auftritt.

Beispiel Herr Müller! Ich kippe in meiner Vorstellung eine Tüte Mehl über das Gesicht von Herrn Müller, sodass ich aus dieser bildhaften Assoziation heraus den Namen wieder ableiten kann. Bilder prägen sich nämlich deutlich besser ein als Abstraktes.
Schritt 4 dient der Absicherung des wirklichen Namens, da sonst die Begrüßung »Guten Tag, Herr Mehl« erfolgen könnte.
Die Schritte 2 und 3 ergeben sich bisweilen in nur einem Verbilderungsvorgang, da entsprechende Bilder beim Namen im Zusammenhang mit dem Gesicht gesehen werden.

Übung 8 – Die Vierer-Regel anwenden

Bei der nun folgenden Übung werden – unter Zuhilfenahme der Vierer-Regel – zunächst Verbilderungen vorgeschlagen.

→ Erster Teil Ihrer Aufgabe ist es, die Verbilderungen nachzuvollziehen und sich so die Namen und Gesichter einzuprägen. Beachten Sie dabei sowohl die Gesichtsmerkmale als auch die Viererstufen.

Herr Latescheck

Vielleicht kennen Sie den Herrn aus der Wissenschaftsbibliothek; auffällig ist sein rechter Zeigefinger, der beim Nachdenken zum lateralen Teil des Kopfes zur rechten Schläfe wandert. Er checkt bei dieser Handhaltung außergewöhnliche Textstellen. Bei dieser Verbilderung spielen Gestik und Ausdruck (Haltung) eine Rolle – wir weichen also von der Standard-Vierer-Regel ein wenig ab.

Frau Grummel

Obwohl ein Kunde am Telefon Frau Grummel angrummelt, lässt sie sich davon nicht im Geringsten stören und – keck wie sie dreinblickt – wartet sie schon darauf, die passende Antwort zu geben. In diesem Falle bietet es sich an, den auffallenden Gesamtgesichtsausdruck fantasievoll zu verbildern. Auch die etwas spitze Nase ist auffällig. In dieser grummelt langsam aber sicher ein Nießer los.

Frau Katzenedel

Der aufmerksame beobachtende Blick, die dunklen, wachen Augen und die hoch stehenden Wangenknochen gleichen den Gesichtsmerkmalen einer Katze. Die edel geschwungenen Augenbrauen und der feine Mund weisen auf den zweiten Teil des Namens hin. Nachdem Sie sich die genannten Gesichtsmerkmale bildhaft-übertrieben vorgestellt haben, hören Sie innerlich nochmals den Namen.

Herr Schneidfein

Dieser Kandidat hat mit Sicherheit ein fein geschnittenes Gesicht. Lippen, Nase, Stirn, die Schneidezähne, alles erscheint wohl proportioniert. Wir stellen uns vor, wie Herr Schneidfein beim Mittagessen das Filetstück sehr fein mit dem Messer in kleine Stücke schneidet. Die wohl bekömmlichen Bissen kaut er anschließend genießerisch mit seinen Schneidezähnen.

Frau Runderer

Nichts leichter als das! Die dominant runde Gesichtsform drückt den Namen bereits aus; Rund-er-er, rund lacht sie und er, das ist ihr Verlobter am anderen Ende der Leitung, der ein solch hinreißendes Lächeln auf ihr Gesicht zaubert.
Bitte hören Sie den vollständigen Namen innerlich während oder direkt nach der Verbilderung, damit Sie die Dame später nicht mit Frau Rund ansprechen.

Frau Falterrot

Wir lassen einen großen zitronengelben Falter auf dem prächtigen Kopfhaar dieser Dame landen. Vor Freude und Glück errötet sie. Auch der Mund dieser Dame animiert uns zu einer Assoziation: Keine Falte zieht sich um die roten Lippen. Sprechen Sie in diesem Fall den Namen innerlich nochmals aus, damit Sie die Dame nicht etwa als Frau Falterot abspeichern.

Frau Füllen

Die Backen dieser Dame sind rund, möglicherweise sind sie mit Bonbons gefüllt. Vorstellbar wäre auch, dass die junge Frau ein Lied vom wilden Füllen singt, das sich auf den Weg in die Welt macht. Vielleicht sitzt die Dame sogar selbst manchmal auf einem Füllen, mit dem sie in die Weite einer Puszta-Landschaft entschwindet. Ihr lockiges, langes Haar flattert dabei im Wind.

Frau Guthsanft

Nomen est omen. Oder glauben Sie, dass Frau Guthsanft einer Fliege etwas zuleide tun könnte? Frau Guthsanft scheint ein guter und sanfter Mensch zu sein. Vom Gesamteindruck einmal abgesehen, trägt diese charmante Dame auch viele sanfte Gesichtszüge: Die Augenbrauen schwingen sanft über die Augen, der Mund ist geöffnet und lässt ein sanftes Lächeln erkennen.

Frau Sonnenschein

Der Name dieser reizenden jungen Frau spricht für sich. Die Sonne geht bei ihrem Anblick auf und erhellt mit ihrem Schein die ganze Umgebung. Das Gesicht ist rund wie die Sonne und wird von einem Kranz blonder Haare umgeben, die wie die Strahlen der Sonne scheinen. Das strahlende Lachen dieser Frau gleicht dem Sonnenschein, der die Gemüter aller Menschen erhellt.

Herr Spitzmann

Die auffälligen Gesichtszüge dieses Herrn sind die harmonische Augen- und Nasenpartie sowie das spitz zulaufende Kinn. Letzteres bietet sich natürlich im Zusammenhang mit der Verbilderung des Namens an. Vergessen Sie aber nicht, parallel dazu innerlich den Namen »Spitzmann« zu hören, damit Sie ihn bei der nächsten Begegnung nicht mit »Herr Spitzkinn« begrüßen – das wäre doch wirklich zu peinlich.

Herr Jodlauch

Diesen kernigen Burschen können Sie sich sicher vorstellen, wie er in den Alpen begeistert jodelt, den grünen Lauch hat er sich quer durch den Kopf gesteckt; er kommt aus seinen beiden Ohren. Falls Sie diese Verbilderung gar nicht nachvollziehen können, denken Sie daran, dass es sich hier lediglich um Vorschläge handelt; aber es gilt: Je ausgefallener Ihr Bild, desto besser werden Sie es behalten.

Herr Buchmeister

Die hohe Stirn von Herrn Buchmeister und sein konzentrierter Blick deuten bereits auf einen hohen Intelligenzgrad, eine schnelle Auffassungsgabe und beträchtliches Kritikvermögen hin. Sicherlich können Sie sich vorstellen, dass dieser Herr täglich einige Bücher liest, die er in Zeitungsartikeln für den literarischen Teil einer Tageszeitung meisterhaft zusammenfasst und kritisiert.

Herr Kantheber

Zweifelsohne besitzt dieser Herr kraftvolle Gesichtszüge. Besonders ausgeprägt sind die Augenbrauen, die wie eine scharfe Kante das Gesicht begrenzen. Nur der Haaransatz und die Kinnpartie weisen Rundungen auf. Herr Kantheber ist – so verbildern Sie den Namen am besten – natürlich Gewichtheber. Die Gewichte hebt er wegen seiner kräftigen Statur mit Leichtigkeit in die Höhe.

Herr Friedl

Herr Friedl macht seinem Namen alle Ehre. Hinter seiner Brille leuchten friedlich dreinblickende Augen, und der Mund öffnet sich zu einem versöhnlichen, friedlichen Lächeln. Er präsentiert sich ohne Scheu dem Betrachter. In diesem Fall gehen Sie vom Gesamteindruck aus, für den die Gesichtsform und der Gesichtsausdruck natürlich ebenfalls eine erhebliche Rolle spielen.

Herr Langer

Beachten Sie die schlank vorlaufende, längliche Kopfform, vor allem auch die lange Nase, die das Gesicht von Herrn Langer charakterisiert. Stellen Sie sich dieses auffällige Merkmal übertrieben vor – Nase und Nasenflügel erscheinen überlang! Beachten Sie auch die lange Linie, die von den Nasenflügeln aus zwischen Mund und Wangen des jungen Mannes verläuft.

Frau Brandl

Die kraftvoll geschwungenen Haare dieser attraktiven Dame lodern wie Feuer bei einem Waldbrand. Oder stellen wir uns vor, dass Frau Brandl gerade mit der Feuerwehr spricht, die ihr versichert, dass der Brand im Nachbarhaus keine Folgen für sie haben wird. Für Frau Brandl wäre es natürlich eine Katastrophe, wenn ihr Haus, das einen L-förmigen Grundriss hat, von dem Brand betroffen wäre.

Herr Hupschraup

Stellen Sie sich vor, dass Herr Hupschraup so vertieft in sein Telefonat ist, dass er nicht bemerkt wie ein Hubschrauber auf seinem Kopf landet. Selbst das Rotorengetöse lenkt ihn nicht ab. Möglicherweise ertönt durch das Telefon, dessen Kabel sich gleichmäßig in den Hörer schraubt, auch ein deutliches Warnzeichen, ein Hupen, das den Herrn auf den landenden Hubschrauber aufmerksam macht.

Frau Mann

Diese Dame wirkt auf den Betrachter sehr männlich. Die breite Gesichtspartie auf Höhe der Backenknochen, die kraftvollen Nasenflügel und der energische Mund verleihen Frau Mann ein recht herbes Aussehen. Auch die schwarzen, eng anliegenden Haare mit dem kurzen Pony, die kräftigen Augenbrauen und die dunkel gefasste Brille lassen einen eher männlichen Typ vermuten.

Frau Hohlberg

Bei der Verbilderung überhöhen wir die Wangenknochen von Frau Hohlberg und machen sie zu mächtigen Bergkuppen, die zum Kinn hin abfallen. Unter diesen Bergkuppen ist reichlich Hohlraum. Die Haare dieser Dame sind sanft geschwungen, wie die Bergkuppen der Mittelgebirge. Unter ihnen liegt hohler Raum – vielleicht gibt es hier Karsthöhlen zu entdecken.

Herr Boxenmeister

Die kräftige Kinnpartie und die herbe Nase lassen hinter diesem Herrn einen Boxer vermuten. Möglicherweise hat er in diesem Sport sogar eine Meisterschaft gewonnen. Oder ist er etwa Meister der Formel-1-Boxen? Stellen Sie sich vor, wie sich dieser Herr bei einem Boxenstopp seines Rennwagens über den Motor beugt, um einen Fehler zu beheben. Sein Kinn zeugt von Tatkraft und schnellem Zupacken.

Frau Vollmask
Sehen Sie, wie voll die Lippen dieser Dame sind? Frau Vollmask kommt gerade aus der Maske des Theaters, wo sie für ihren Auftritt geschminkt und gestylt wurde. Oder verbirgt sich hinter diesem Antlitz ein anderes Gesicht? Vielleicht handelt es sich bei dem, was wir sehen, um eine täuschend echt gefertigte Maske mit vollen Lippen, exakt gezogenen Augenbrauen und hohen Wangenknochen.

→ Erfolgskontrolle: Die vorgestellten Personen werden im Folgenden nochmals gezeigt. Ihre Aufgabe ist es nun, die zugehörigen Namen unter den Fotos einzutragen. Bemühen Sie sich um die richtigen Lösungen, und nehmen Sie sich ausreichend Zeit. Liegt Ihnen ein Name auf der Zunge, der noch nicht über die Lippen kommen will, dann fahren Sie mit der nächsten Person fort, wenden sich aber am Schluss nochmals den »Problemfällen« zu. Überprüfen Sie anschließend die Richtigkeit Ihrer Eintragungen anhand der vorangegangenen Seiten.

Hinweis Lassen Sie die Bildhaftigkeit ruhig entstehen. Falls Sie die eine oder andere Verbilderung als nicht eingängig empfinden, überspringen Sie sie. Spontaneität und Leichtigkeit, eine gewisse Gewitztheit und Kreativität sowie Freude an der Sache bringen den Erfolg.
Freuen Sie sich auf die nächste Übung, bei der Sie Ihre Eigenständigkeit unter Beweis stellen können.

Übung 9 – Verbilderung trainieren

Waren Sie mit Ihrem Ergebnis in der letzten Übung zufrieden, oder konnten Sie nicht alle Namen richtig zuordnen? Dann liegt das vielleicht daran, dass Sie mit den vorgeschlagenen Verbilderungen nichts anzufangen wussten. Das ist nicht ungewöhnlich, schließlich sind diese Bilder nicht Ihrer eigenen Fantasie entsprungen. Was dem Menschen fremd erscheint, speichert er schlechter ab. Im Folgenden finden Sie ausreichend Gelegenheit, eigene Verbilderungen zu kreieren und Namen und Gesichter in bunten Bildern zu verknüpfen. Noch ein wichtiger Hinweis: Lassen Sie bei der Verbilderung Ihrer Fantasie freien Lauf, denn je ausgefallener das Bild, desto leichter können Sie es sich einprägen. Wichtig dabei ist, dass Sie jegliche, auch übertriebene oder unrealistische Bilder zulassen.

Sie können Ihre Bilder auch an Wörter aus Dialekten oder der Umgangssprache binden.

Entfernen Sie sich bei der Verbilderung ohne Scheu vom Alltäglichen. Die Kunst, vom Alltäglichen loszulassen, spielt bei der Verbilderung von Namen eine entscheidende Rolle. Sie wird Ihnen aber auch in anderen Lebenssituationen helfen, Dinge

Tipp Und hier noch ein paar nützliche Hinweise für Ihre Verbilderungen. Generell unterscheide ich Namen folgendermaßen:

1. Namen, die mir etwas sagen, weil ich Bekannte mit gleichem oder ähnlichem Namen habe (der sieht so aus wie Theo Lingen, oder der heißt wie ...).
2. Namen, die eine Bedeutung haben (z. B. Tischler, Löwen, Knochenbrecher, Sandmann, Müller, Weiß).
3. Namen, die keine Bedeutung haben (für diese Namen muss man Bedeutungen schaffen oder ein klanglich ähnliches Wort mit einer Bedeutung finden). Beispiele: Herr Meersak; Bedeutung: Meersack; Bildschaffung: Ein Sack steht am Meer. Frau Gaffker; Bedeutung: Gaffer; Bildschaffung: Eine Frau erweist sich bei einem Unfall als Gaffer anstatt zu helfen.
4. Ausländische Namen, deren Klangcharakter teils Assoziationen erlaubt, teils weitere Fantasien erfordert. Beispiel: Herr Özdemir – ich stelle mir den ausgegrabenen Ötzi in der russischen Raumstation MIR vor. Damit Sie nicht »Guten Tag, Herr Ötzimir« sagen, wiederholen Sie innerlich akustisch nochmals beim Verbildern den richtigen Namen Özdemir.

aus einem gewissen Abstand heraus neu zu sehen und zu bewerten. Diese kreativen Übungen helfen Ihnen entscheidend dabei, Namen und Gesichter zu behalten, gehen aber weit darüber hinaus.

→ So, und nun sind Sie dran. Im Folgenden finden Sie eine Reihe von Porträtfotos mit den Namen der abgelichteten Personen. Schreiben Sie Ihre Verbilderungen unter die Fotos. Lassen Sie die Bilder spontan in Ihrem Kopf entstehen. Denken Sie daran, dass das erste Bild oft das beste ist. Sprechen Sie bei der Verbilderung auch deutlich den Namen der dargestellten Person aus.

Herr Marceau

....

....

....

....

Frau Leuchtbrink

Frau Seeberger

Herr Meyer

Herr Geissenhof

Herr Feldkamp

Herr Domberger

Herr Faltmeyer

Frau Krause

Herr Nussbrod

Frau Harenberg

Frau Webersinke

Herr Warneke

Herr Meerkatz

Herr Fischer

Herr Breitner

Herr Karzisky

Herr Kirschwein

→ Erfolgskontrolle: Tragen Sie nun die Namen, die Sie sich gemerkt haben, in die Kontrollkästchen unter den Bildern ein, und überprüfen Sie Ihre Lösungen anhand der vorangegangenen Seiten.

Wenn Sie nur wenige Personen richtig benennen können, sollten Sie Ihre Verbilderungen nochmals überprüfen. Vielleicht fällt Ihnen bei dem einen oder anderen Namen doch noch ein eindeutigeres Bild ein. Wichtig ist, dass Sie sich durch kleinere Misserfolge nicht demotivieren lassen. Auch im Fall der Verbilderung macht Übung den Meister!

Sich Prominente merken

Nicht selten ergeht es uns bei Prominenten ähnlich wie bei Menschen aus unserem näheren Umkreis. Wir kennen ihr Gesicht, erinnern uns aber nicht an ihre Namen. Wenden Sie deshalb das bereits Gelernte auch auf Persönlichkeiten aus Medien und Geschichte an, und folgen Sie dem Prinzip der Verbilderung. Einige Beispiele finden Sie auf den nächsten Seiten, wo bekannte Gesichter mit Namen und Verbilderungen vorgestellt werden.

Übung 10 – Prominente Gesichter

Johann Sebastian Bach

Sehen Sie die langen Haare, die wie Wellen eines Baches links und rechts des Gesichts herabfließen? Ferner bietet die Ruhe des Gesichtsausdrucks eine Assoziation mit dem ruhigen Murmeln eines Baches. Fällt Ihnen ein treffenderes Bild ein? Umso besser. Damit Sie dieses Bild nicht vergessen, sollten Sie es schriftlich festhalten. Schreiben Sie Ihre Assoziationen auf einem Notizzettel nieder.

Wolfgang Amadeus Mozart
Der Komponist hat in seine fülligen Backen einige der bekannten Mozartkugeln aus Schokolade gesteckt. Stellen Sie sich die Backen übertrieben voll vor, dass er kaum noch schlucken kann. Die berühmte Süßigkeit, die den Namen des Komponisten trägt, besteht aus Marzipan und einer zarten Schokoladenhülle. Sie schmilzt in den Backen des Musikers.

Ludwig van Beethoven
Beethoven fällt durch sein strähniges, zerzaustes Haar auf, das seinen Kopf umschließt. Stellen Sie sich diese Haare als ein Beet Blumen vor, das vom Wind durcheinander gewirbelt wird. Es bleibt zu hoffen, dass in dieses Beet wieder Ordnung kommt. Sollte das Beet nicht wiederhergestellt werden können, müssen die Blumen im Ofen verfeuert werden.

Rudi Völler

Für einen Profi-Fußballer könnte das Gesicht ein wenig voller sein, nicht wahr? Vielleicht gerät der Teamchef der deutschen Nationalmannschaft auch völlig außer Rand und Band, wenn seine Männer beim Elfmeterschießen nicht ins Tor treffen, sondern voll daneben zielen. Völlig überraschend war für Völler der Einzug seiner Mannschaft ins WM-Finale aber nicht.

Sigmund Freud

Der bekannte Psychoanalytiker blickt alles andere als erfreut. In diesem Falle leitet man möglicherweise aus dem Gegensatz den Namen assoziativ ab: Leid oder Ernsthaftigkeit verhindern jegliche Freude. Dass Sigmund Freud die Sexualität als Hauptfaktor neurotischer Störungen betrachtete, mag vielen Menschen nicht gerade zur Freude gereicht haben.

Thomas Gottschalk

Schlankes Gesicht, leicht fliehende Stirn, eine etwas spitze Nase und ein wilder Lockenkranz: Diesem berühmten Showmaster hat der liebe Gott den Schalk ins Gesicht geschrieben; spitzbübisch und mit keckem Augenausdruck bringt Thomas Gottschalk seine Witze an den Mann. Kandidaten und Gäste können ein Lied davon singen, dass ihm der Schalk im Nacken sitzt.

Sophia Loren

Stellen Sie sich vor, dass die Loren bei Fotoaufnahmen für ein Magazin in einer Lore (Eisenbahngüterwagen) sitzt und damit an einem Bergmassiv vorbeifährt. Nicht weniger interessant ist die Vorstellung, dass ein Bewunderer der bekannten Schauspielerin in ihren dunklen Augen verloren geht. Sicherlich haben viele Männer ihr Herz an diese schöne Frau verloren.

Übung 11 – Bekannte Persönlichkeiten verbildern

Nach allen diesen Übungen sind Sie nun sicher so geübt, dass Ihnen die Verbilderungen der folgenden Namen und Gesichter bekannter Persönlichkeiten kinderleicht von der Hand gehen werden. Entdecken Sie auffällige Gesichtsmerkmale, und verbildern Sie diese mit den Assoziationen, die Ihnen zu den Namen in den Sinn kommen. Wie in manchen Beispielen geschehen, können Sie auch Ihr Wissen über diese Persönlichkeiten in die Verbilderungen einfließen lassen. Und nun sind Sie an der Reihe:

Johann Wolfgang von Goethe

....

....

....

....

Albert Schweitzer

Louis Armstrong

Albert Einstein

Sylvester Stallone

→ Erfolgskontrolle: Und jetzt testen Sie Ihr Prominentengedächtnis anhand Ihrer Verbilderungen. Tragen Sie die Namen, an die Sie sich noch erinnern, in die entsprechenden leeren Kästen ein. Damit Sie ausreichend Gelegenheit zur Übung haben, finden Sie auch alle Persönlichkeiten aufgeführt, die auf den Seiten 55 bis 58 verbildert wurden. Sollten Sie sich an deren Namen nicht mehr erinnern können, dann hilft es vielleicht, wenn Sie für diese Personen jeweils eigene Bilder kreieren.

Konnten Sie acht oder zehn oder gar alle zwölf Namen richtig eintragen? Jedes Ergebnis ab acht Richtigen ist ein sehr gutes Ergebnis. Haben Sie sich an weniger Namen erinnert? Das ist auch nicht schlimm! Da Übung bekanntlich den Meister macht, werden sich Ihre Ergebnisse mit ein bisschen Training schnell verbessern. Sie dürfen nur den Mut nicht verlieren, denn die Motivation ist die wichtigste Voraussetzung für den Erfolg. Wenn Ihnen die Übung mit Promis und VIPs besonderen Spaß gemacht hat, dann trainieren Sie weiter. Zeitschriften und Zeitungen bieten eine Fülle an brauchbarem Material!

Personenbezogene Daten

Sicherlich haben Sie auch Interesse daran, sich Namen und damit verbundene Sachverhalte merken zu können. Sei es, weil Sie beruflich mit Kunden und Auftraggebern aus verschiedenen Bereichen zu tun haben oder privat mit vielen Menschen in Kontakt kommen. Da ist es natürlich hilfreich, wenn mit der Person nicht nur der Name, sondern weitere Fakten im Gedächtnis haften geblieben sind. Auch das ist nicht schwer und reine Übungssache! Basis für das Merken von Personen, Namen und zugehörigen Informationen ist wieder die fantasievolle Verbilderung.

Übung 12 – Personen und Daten verbildern

Nehmen wir einmal an, Sie sind Telefonverkäufer von Beruf und hören die folgende Vorstellung Ihres Kunden: »Herr Müller, München, unsere Firma stellt Verpackungsfolien her.«
Mögliche Verbilderung: Herr Müller verhüllt die Liebfrauenkirche in München – ein Christo hätte es nicht besser machen können – und überschüttet das Ganze zusätzlich noch mit Mehl; als Müller hat er davon schließlich ausreichend. Und schon ist die Sache abgespeichert.

Ein weiteres Beispiel: »Frau Schneid, Sekretärin bei der Lufthansa, Köln«
Stellen Sie sich vor, dass Frau Schneid eine große Schere aus ihrem Sekretärinnen-Büro besorgt und damit – schnipp-schnipp – die dünne Außenhaut des Lufthansa-Flugzeugs aufschneidet. Der ungewöhnliche Flieger wird vor dem Kölner Dom ausgestellt.

→ Und jetzt versuchen Sie selbst bei den folgenden Personen und Firmen bildhafte Assoziationen vor Ihrem geistigen Auge erstehen zu lassen:

»Herr Dreher, Tonstudio, Hamburg«
Mögliche Verbilderung (wählen Sie ein Merkmal von Hamburg aus, und verwenden Sie dieses in Ihren Verbilderungen):

....

....

....

»Herr Fliegen, Firma Siemens, technische Abteilung, Erlangen«
Mögliche Verbilderung:

»Herr van der Falk, kaufmännischer Leiter der Firma Nussbaum«
Mögliche Verbilderung:

»Frau Pfaff, Ausbildungsleiterin EDV, Firma Telekom, Berlin«
Mögliche Verbilderung:

....

....

....

Hinweis Wenn Sie feststellen, dass die Verbilderungen nach einiger Zeit wieder verblassen (meistens nach einem Tag), empfiehlt es sich, sie zu wiederholen. Und zwar nach 20 Minuten, einem Tag, einer Woche, einem Monat, einem halben Jahr, weitere Male nach Bedarf. Je konzentrierter Sie bei der Sache sind und je höher Ihr Interesse an der Sache ist, desto weniger Wiederholungen sind zur Erinnerung nötig.

Nachwort

Am Ende unserer Reise durch das Land des Gedächtnisses, das durch Fantasie und konkrete Vorstellungsbilder – die Bildassoziationen – gestützt wird, sei noch Folgendes erwähnt. Dieses Buch versteht sich als Einführung in die Technik der Bildassoziation. Es zeigt praktikable Wege auf, die ich aufgrund langjähriger Erfahrungen in Forschung und Lehre entwickelt habe. Grund für meine intensive Beschäftigung mit den Themen Gedächtnis und Kreativität war unter anderem mein eigenes Defizit in Sachen Gedächtnisleistung. Heute bin ich stolz darauf, mein Wissen weitergeben zu können. Mehr als 20 000 Personen aus der Wirtschaftswelt sowei andere Interessierte haben meine Seminare mit Erfolg abgeschlossen.

Dieser Ratgeber gibt Ihnen das Werkzeug in die Hand, mit dem Sie Ihre Gedächtnisleistung verbessern können. Den Umgang mit Ihrem Arbeitsgerät aber müssen Sie regelmäßig üben und trainieren. Lassen Sie sich nicht entmutigen, wenn nicht alles auf Anhieb perfekt klappt. Wichtig ist die Absicht, dieses Verfahren zu erlernen, sowie die entsprechende Motivation. Wenn Sie dazu die nötige Geduld aufbringen, steht Ihrem Erfolg nichts mehr im Wege.

Nehmen Sie sich Zeit für sich selbst, und setzen Sie sich mindestens 20 Minuten täglich mit Ihrer eigenen Person auseinander. Bauen Sie in Ihre Betrachtungen auch die Themen Gedächtnis und Kreativität ein. Lassen Sie sich nicht von anderen entmutigen, die vielleicht schneller und sicherer ans Ziel gelangen. Messen Sie Ihren Erfolg nicht mit dem anderer Menschen. Seien Sie ganz Sie selbst.
Mit dieser Einstellung, mit Ruhe, Geduld und Übung werden sich die erwarteten Fortschritte einstellen. Das garantiere ich.
In diesem Sinne wünsche ich Ihnen eine interessante und vor allem gedächtnisstarke Zukunft!

Wer Kontakt mit dem Autor aufnehmen möchte, kann dies tun

Wolfgang Baitz
Postfach 155
46251 Dorsten
Mail: info@baitz.de
Internet:www.baitz.de

Über dieses Buch

Der Autor Wolfgang Baitz studierte Medizin und Psychologie in Freiburg, München, Chur und Berlin. Seit 1980 arbeitet er als Unternehmensberater, gibt Verkaufs- und Managementseminare, u.a. im renommierten Zentrum für Unternehmensführung in Kilchberg/Zürich, und ist in beratender Funktion für verschiedene Wirtschaftszeitungen, darunter das »Manager«-Magazin, tätig.

Haftungsausschluss Die Inhalte dieses Buches sind sorgfältig recherchiert und erarbeitet worden. Dennoch kann weder der Autor noch der Verlag für die Angaben in diesem Buch eine Haftung übernehmen. Weiterhin erklären Autor und Verlag ausdrücklich, dass sie trotz sorgfältiger Auswahl keinerlei Einfluss auf die Gestaltung und die Inhalte der gelinkten Seiten haben. Deshalb distanzieren sich Verlag und Autor hiermit ausdrücklich von allen Inhalten aller Seiten und machen sich diese Inhalte nicht zu Eigen. Diese Erklärung gilt für alle in diesem Buch aufgeführten Links.

Bildnachweis Alle Fotos im Innenteil: PhotoDisc, Hamburg/Seattle, mit Ausnahme von S. 55–64: Ullstein-Bilderdienst, Berlin: S. 55, 62 li. (J. S. Bach); S. 56 o., 62 m. (W. A. Mozart); S. 58 u., 63 u. li. (S. Loren); Paul Hauke: S. 59, 63 u. m. (J. W. Goethe); Fritz Eschen: S. 60 o., 63 u. re. (A. Schweitzer); S. 60 u., 64 li. (L. Armstrong); S. 61 u., 64 re. (S. Stallone) sowie Süddeutscher Verlag Bilderdienst, München: S. 56 u., 62 re. (L. v. Beethoven); Holger Nagel: S. 57 o., 63 o. li. (R. Völler); Scherl: S. 57 u., 63 o. m. (S. Freud); Sven Simon: S. 58 o., 63 o. re. (T. Gottschalk); Heinz Röhnert: S. 61 o., 64 m. (A. Einstein)
Illustration S. 11: Sascha Wuillemet, Icking.

Weltbild Buchverlag -Originalausgaben–

Projektleitung Friederike Lutz • *Redaktion* Uschi Klocker • *Umschlag* Peter Gross, München • *Innenlayout und Satz* KL-Grafik, München • *Reproduktion* Typework Layoutsatz & Grafik GmbH, Augsburg • *Druck und Bindung* Appl Firmengruppe GmbH, Senefelderstraße 3–11, 86650 Wemding
Gedruckt auf chlorfrei gebleichtem Papier • Printed in Germany • ISBN 3-89604-594-6

Stichwortverzeichnis